AF312373

Collection de M. R... D...

CATALOGUE

DE LA

VENTE PUBLIQUE

Collection de M. R... D... [AVID]
[eginald]

Tableaux & Aquarelles

PAR

BOUDIN, COROT, COURBET, HARPIGNIES,
ISABEY, Ch. JACQUE, JONGKIND,
LEBOURG, LÉPINE, TASSÄERT.

Deux Œuvres capitales de Fantin-Latour

Marbre de d'ÉPINAY

dont la vente aux enchères publiques aura lieu, à Paris

Hôtel Drouot, Salle n 6

le Lundi 10 Mai 1909
à trois heures.

COMMISSAIRE-PRISEUR :

Me LAIR DUBREUIL
6, rue Favart, 6
PARIS

EXPERTS :

MM. BERNHEIM JEUNE
Experts près la Cour d'Appel
25, boulevard de la Madeleine;
15, rue Richepanse; 36, avenue de l'Opéra

EXPOSITION PARTICULIÈRE : LE SAMEDI 8 MAI 1909, DE 1 H 1 2 A 5 HEURES.
EXPOSITION PUBLIQUE : LE DIMANCHE 9 MAI 1909, DE 1 H. 1 2 A 5 HEURES

CONDITIONS DE LA VENTE

Elle sera faite au comptant.

Les acquéreurs paieront dix pour cent *en sus des enchères*.

BOUDIN (E.)

1. — *Portrieux.*

(Voir la reproduction)

Sur la plage, à marée basse, on voit, à gauche, plusieurs bateaux échoués, les uns droits, les autres légèrement inclinés. Des débardeurs chargent un tombereau attelé de deux chevaux. A droite, un homme est en train de remplir de sable un autre tombereau. Plus à droite, deux femmes s'en vont pêcher. Dans le fond, des barques, des rochers à fleur d'eau, surmontés d'un mât avertisseur. Au milieu, en arrière, une bouée rayée rouge et blanc, posée sur un rocher, indique la passe.

D'un joli ton argenté.

Signé à gauche. Daté 73.

Toile. — Haut., 39 cent.; Larg., 64 cent.

BOUDIN (E.)

2. — *Trouville.*

A l'heure du bain, de nombreuses élégantes, habillées à la dernière mode du Second Empire, causent par petits groupes, avec de jolis mouvements d'ombrelles. Des barques dans le fond, puis, à gauche, les jetées du port.

Signé à gauche. Daté 71.

Bois. — Haut., 20 cent.; Larg., 40 cent.

COROT (C.)

3. — *Idylle.*

(Voir la reproduction)

Le soleil disparaît peu à peu à l'horizon, semblant sombrer dans un lac, dont on aperçoit le bord tout au fond du tableau. Au premier plan, à gauche, deux arbres se détachent sur un fond de verdure. A droite, deux jeunes paysans sont venus s'asseoir à l'ombre des grands arbres. Le costume de la femme se compose d'une jupe rouge et d'un corsage bleu. Un bonnet jaune lui enserre la tête. Les derniers rayons du soleil couchant tachent de rouge le ciel légèrement nuageux.

Signé à gauche.

Toile. — Haut., 47 cent.; Larg., 36 cent.

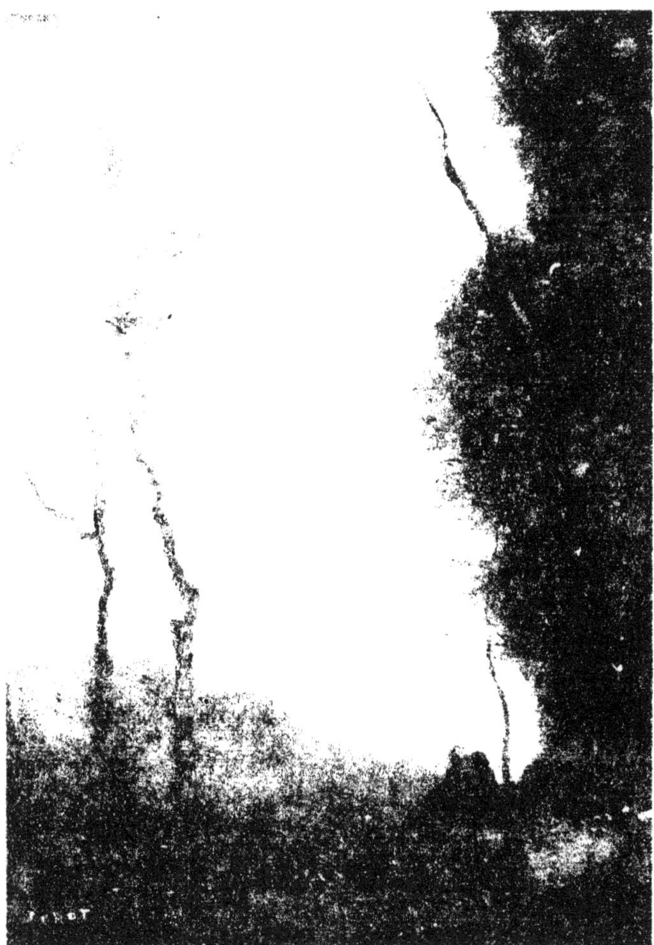

COROT (C.)

Idylle.

Corot

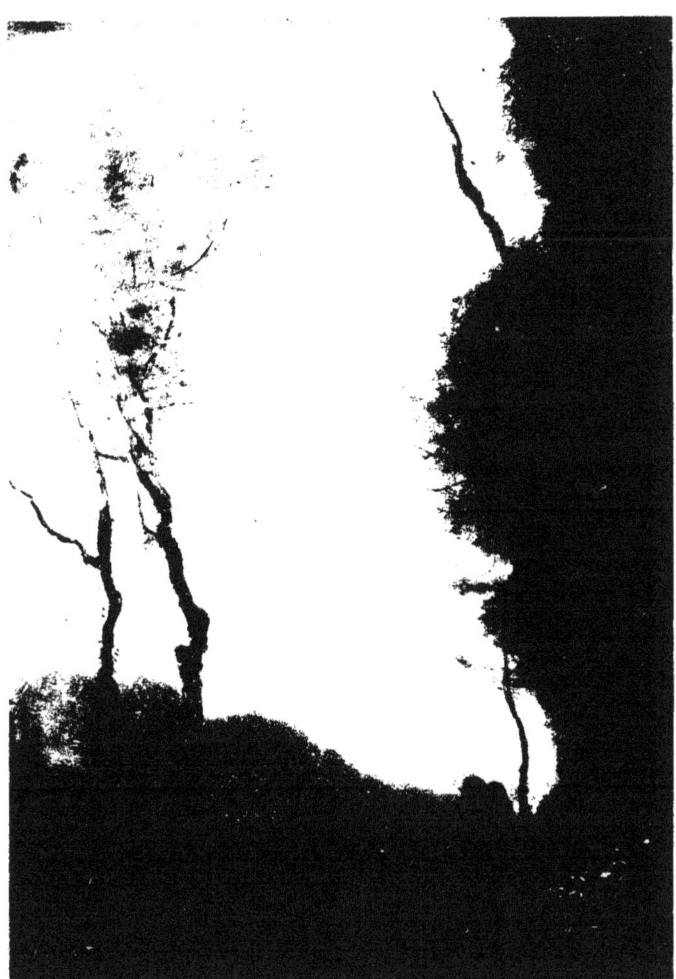

Propriété Bernheim Jeune

Idylle

COURBET (G.)

4. — *Étretat.*

La falaise, à pic, joliment dentelée, est recouverte de gazon dans sa partie supérieure. Sur la plage, quelques galets et deux barques échouées. La crête des vagues est blanche d'écume. Le ciel est presque rose sous les derniers feux du soleil.

Signé à gauche.

Toile. — Haut., 50 cent. ; Larg., 74 cent.

FANTIN-LATOUR

5. — *La table garnie.*

(Voir la reproduction)

Sur une table en acajou est posé, à droite, un livre bleu, puis un plateau d'un rouge plus vif sur lequel sont placés une tasse et une soucoupe blanc et or, une orange au délicat contour, un quartier d'orange à la peau veloutée, puis une orange presque ouverte. A gauche, sur la table, une pomme Calville, puis une petite pomme rouge. En arrière, à gauche, un panier d'osier, de couleur sombre, est rempli de poires et de pommes. Dans le fond, deux œillets, l'un rouge, l'autre blanc, une rose blanche et un camélia trempent dans un vase à pied, en Sèvres bleu.

L'ensemble forme une symphonie d'un éclat tout particulier.

Cette toile, qui est mentionnée dans l'Œuvre de Fantin-Latour, a figuré à l'Exposition de Fantin-Latour, à l'École des Beaux-Arts, en 1906.

Signé à droite. Daté 1865.

Haut., 61 cent.; Larg., 73 cent.

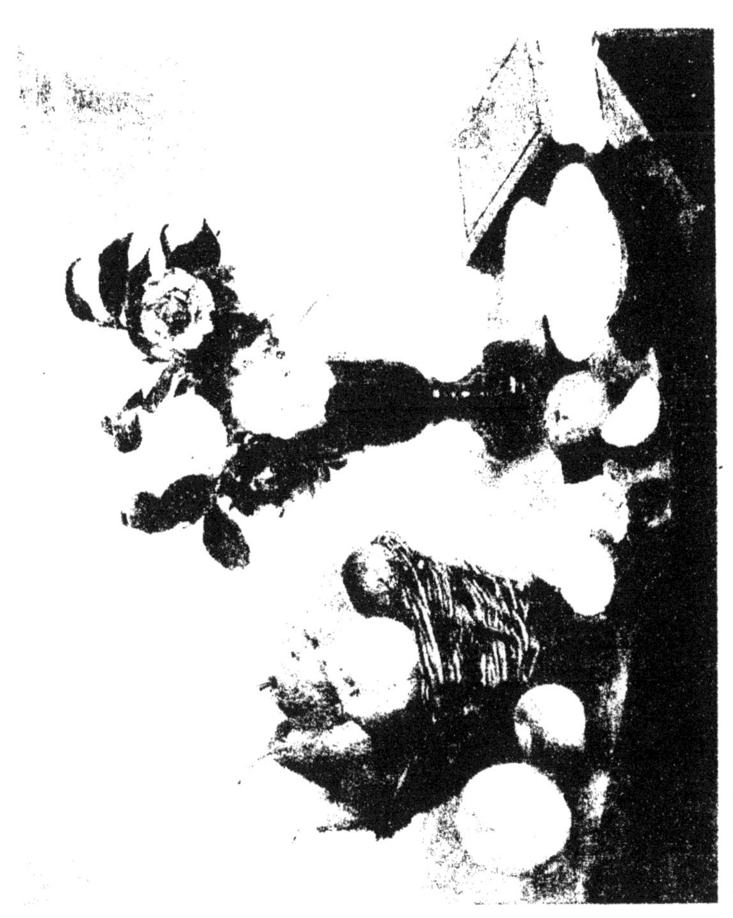

FANTIN-LATOUR

La table garnie.

Fantin-Latour

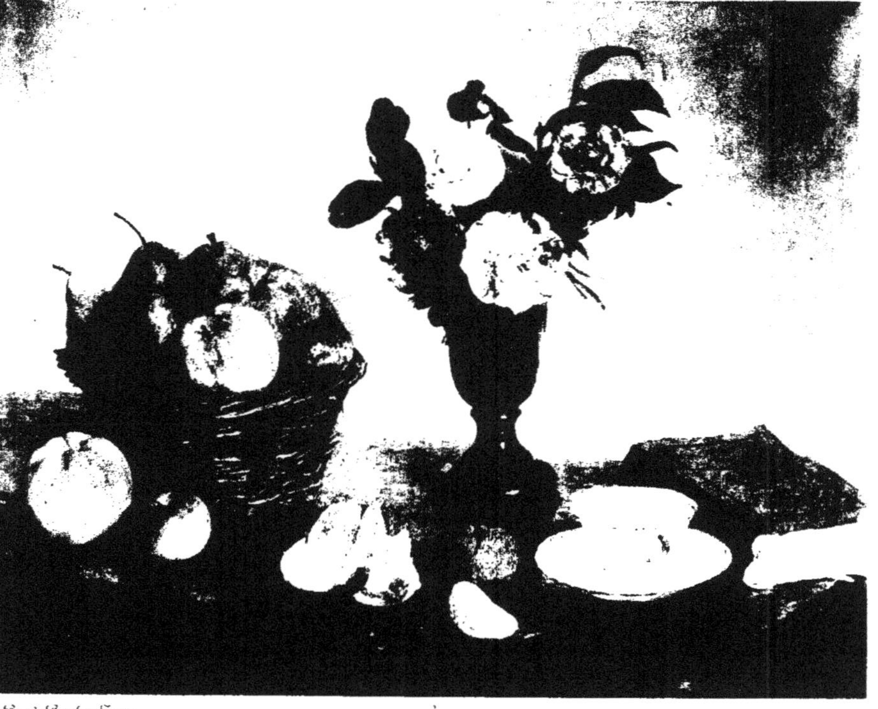

La table garnie

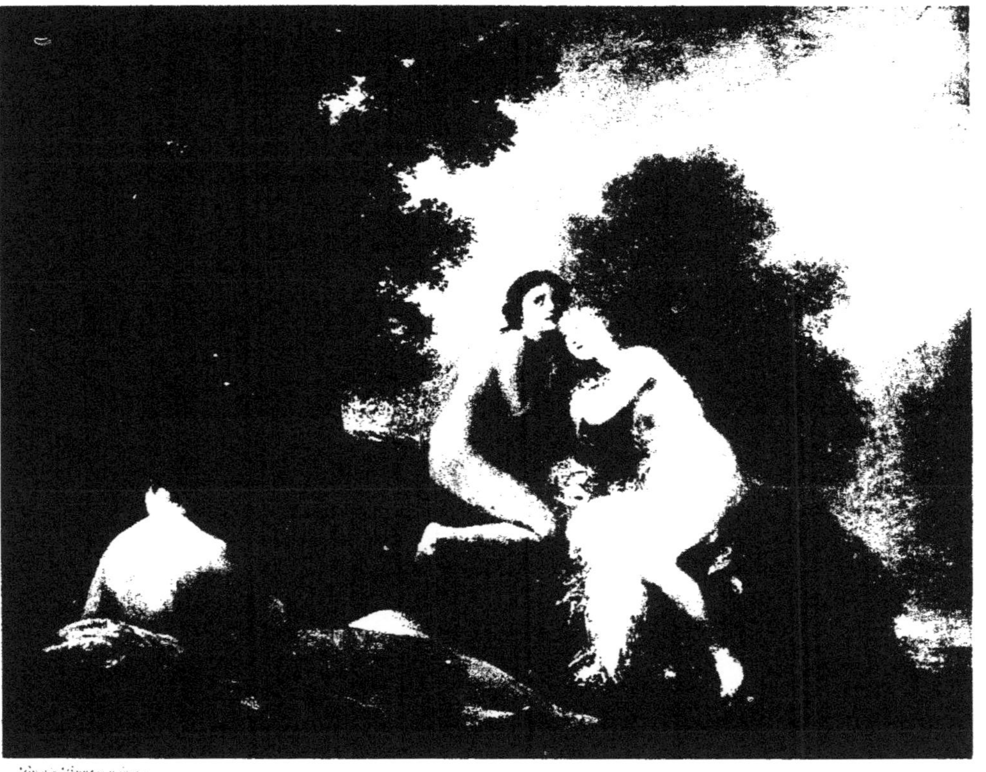

Fantin-Latour

Les Baigneuses

FANTIN-LATOUR

6. — *Les baigneuses.*

(Voir la reproduction)

Un grand chêne aux larges branches préserve des regards indiscrets et des rayons trop brûlants du soleil, trois baigneuses sortant de la rivière qui coule vers la droite. L'une d'elles est allongée sur l'herbe, au premier plan. Les deux autres forment un joli groupe, à droite, avec un coloris et des effets de lumière heureux. Ce tableau, par sa composition, par le charme de son coloris, par son exécution poussée, par l'éclairage merveilleusement dosé, peut être classé parmi les meilleures œuvres de Fantin-Latour.

Comme le précédent, ce tableau, mentionné dans l'Œuvre de Fantin-Latour, a figuré à l'Exposition de Fantin-Latour, à l'École des Beaux-Arts, en 1906.

Signé à gauche.

Toile. — Haut., 75 cent. ; Larg., 92 cent.

HARPIGNIES (H.)

7. — *Antibes.*

(Voir la reproduction)

Sur la mer bleue, deux barques aux voiles blanches apparaissent devant le massif de l'Esterel. A droite, dans le bas, le port et la ville de Cannes. A gauche, un eucalyptus et des pins maritimes. Le soleil fait des taches d'ombre sur le sol.

Ce tableau a figuré à l'Exposition Universelle de 1900.

Signé à gauche.

Toile. — Haut., 46 cent.; Larg., 60 cent.

HARPIGNIES (H.)

8. — *Nice.*

Un café, sous une tente, tout au bout de la Promenade des Anglais. Le soleil éclaire les tables, les palmiers et l'unique consommateur. Le drapeau tricolore flotte à l'un des montants de la tente. A gauche, la mer et la baie des Anges.

Signé à gauche. Daté 87.

Toile. — Haut., 19 cent.; Larg., 26 cent.

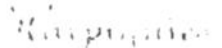
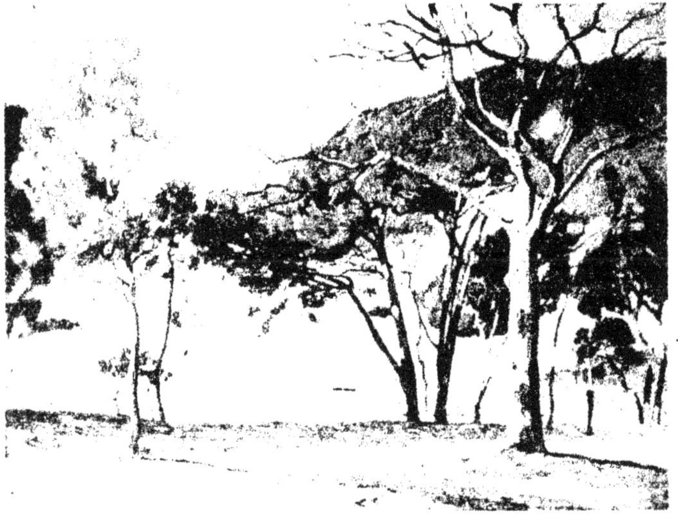
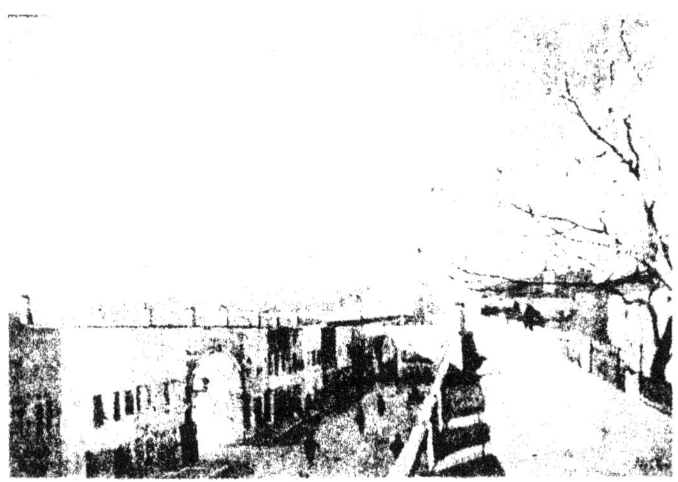

HARPIGNIES

Antibes.

6

HARPIGNIES

Nice.

8

4e arm...

Harpignies

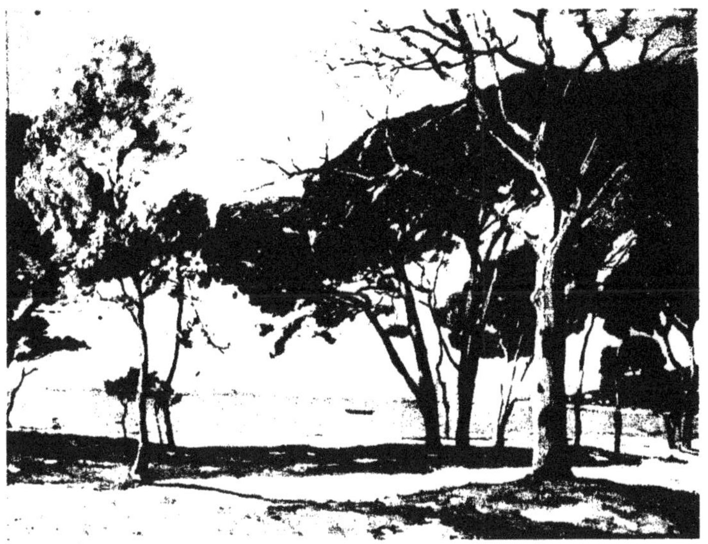

Antibes

Harpignies

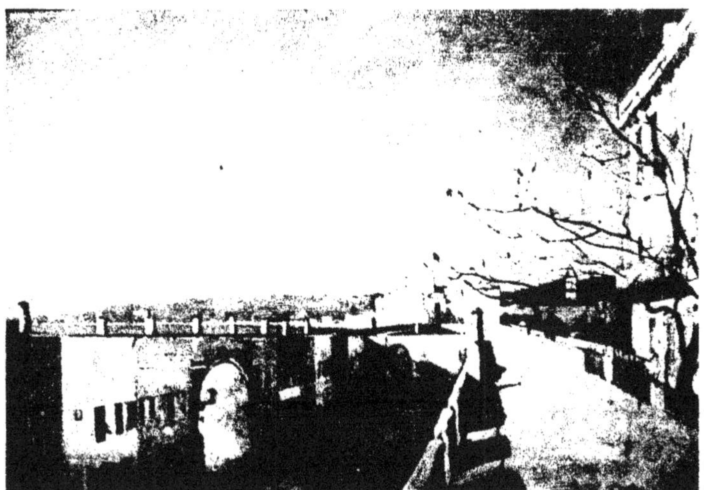

Nice — Les Ponchettes

HARPIGNIES (H.)

9. — *Le petit pont.*

C'est l'heure où le soleil se couche. Au premier plan, une rivière peu profonde, dans laquelle les arbres de la rive gauche se reflètent. Au fond, un petit pont, dont l'unique arche est surmontée d'un parapet. Une route tourne à travers la prairie et les arbres pour aboutir au petit pont. Dans le lointain, des hauteurs boisées.

Signé à gauche.

Toile. — Haut., 21 cent. ; Larg., 35 cent.

HARPIGNIES (H.)

10. — *Saint-Privé.*

Un cours d'eau serpente à travers le paysage. A droite, un buisson avec un arbre. A gauche, une prairie, quelques arbres, un petit pont et les bâtiments d'une ferme. Des hauteurs boisées dans le fond.

Signé à gauche. Daté 82.

Toile. — Haut., 22 cent. ; Larg., 32 cent.

HARPIGNIES (H.)

11. — *Nice. - Les Ponchettes.*

(Voir la reproduction)

C'est un coin curieux de Nice. A droite, une rue ensoleillée passe devant une maison aux volets marrons, ombragée par un arbre. De l'autre côté de la rue, un parapet. Au milieu, une rue en profondeur avec ses maisons, ses boutiques et ses promeneurs. A gauche, une terrasse sur les toits des maisons.

Signé à gauche. Daté 87.

Toile. — Haut., 30 cent. ; Larg., 44 cent.

HARPIGNIES (H.)

12. — *Hérisson.*

Sur un terrain accidenté où les collines succèdent aux vallées, des routes serpentent, parmi les prairies et les bouquets d'arbres. Dans le fond, l'église avec son clocher pointu et ses toits rouges. En arrière, des collines boisées.

Signé à gauche.

Toile. — Haut., 22 cent. ; Larg., 32 cent.

HARPIGNIES (H.)

13. — *Hérisson.*

Sous un soleil estival, un promeneur en pantalon
blanc et veston noir, se dirige, par un chemin en zig-
zag, vers l'église que l'on aperçoit, en pleine lumière,
perchée sur une colline. A droite, à la hauteur du
promeneur, un bouquet d'arbres, puis à gauche la
colline tapissée de divers tons, avec quelques arbres
le long de la route.

Signé à gauche.

Toile. — Haut., 22 cent. ; Larg., 21 cent.

ISABEY (E.)

14. — *Marine.*

(Voir la reproduction)

Sur une route, à gauche, deux femmes, pieds
nus, portant des paniers. l'une contre sa hanche,
l'autre sur sa tête. Sur le côté gauche de la route,
des maisons et un escalier ; à droite, un parapet près
duquel des femmes et des enfants observent la mer.
Sur le sol, des paniers et des filets. A droite, en
profondeur, des maisons dont on n'aperçoit que les
toits et la plage avec des barques échouées. La mer
est moutonneuse. Au fond, des dunes à pic.

Signé à gauche.

Toile. — Haut., 44 cent. ; Larg., 61 cent.

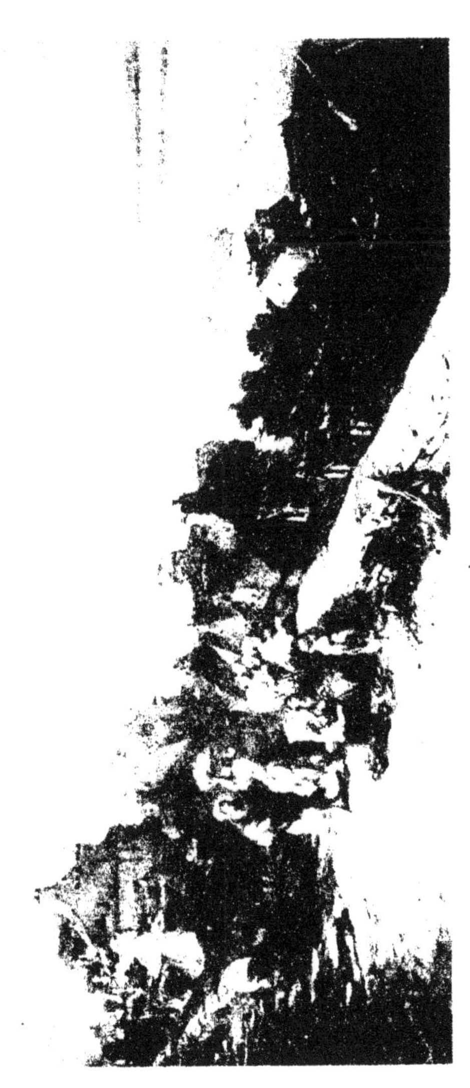

ISABEY (J.)

Marine.

Chambéry

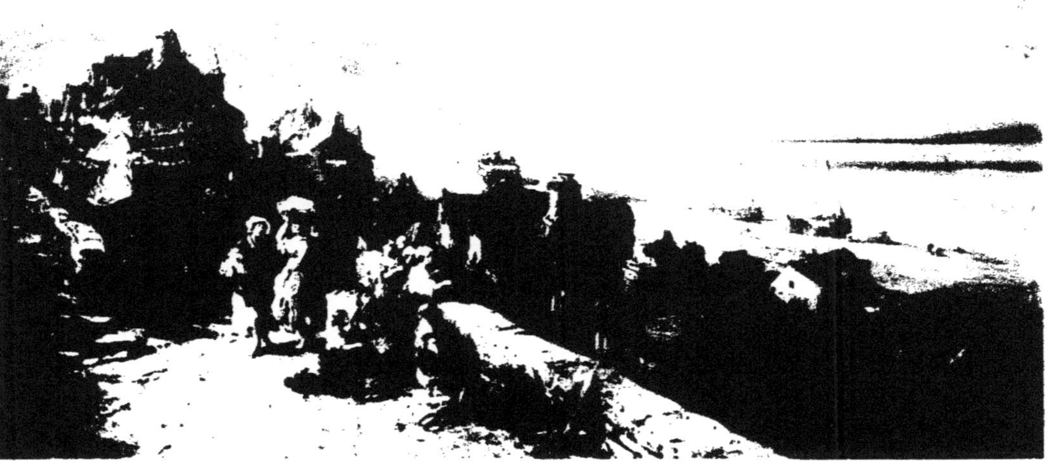

Turin

Boudin

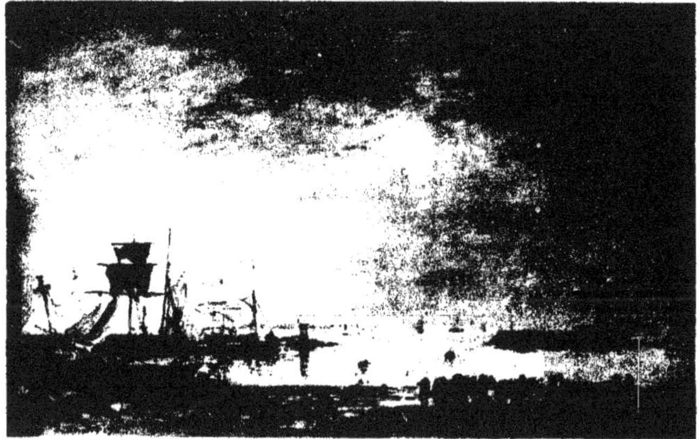

Portrieux

Ch. Jacque

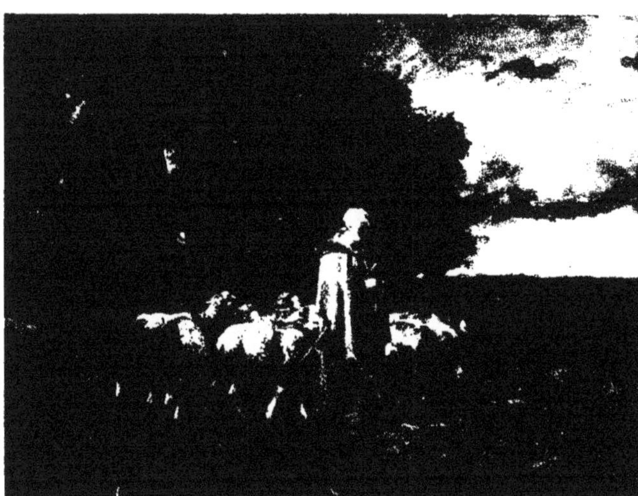

Le Troupeau

JACQUE (CH.)

15. — *Le troupeau.*

(Voir la reproduction)

A la fin de la journée, le troupeau de moutons s'achemine vers la ferme, sous la conduite d'une vieille bergère en cotillon bleu, manteau sombre et bonnet blanc, la houlette sous le bras. De l'autre côté du troupeau, un chien fait bonne garde. A gauche, à l'orée d'un bois, un mouton broute solitaire. Le ciel, nuageux, flamboie sous les derniers rayons du soleil couchant.

Signé à gauche.

Toile. — Haut., 26 cent. ; Larg., 33 cent.

LEBOURG

16. — *Le dégel.*

Une route tournante le long de la Seine. La neige qui la recouvrait commence à fondre, laissant apparaître le sol planté d'herbe. A gauche, devant des arbres, une voiture à bras et un homme. Au fond, des hauteurs boisées.

Signé à droite.

Toile. — Haut., 45 cent. ; Larg., 64 cent.

LEBOURG

17. — *Bercy, l'hiver.*

D'immenses troncs d'arbres, recouverts de neige, sont entassés sur le quai, à droite. A côté, deux débardeurs causent. Au fond, parmi un amas de maisons, un clocher d'église, tout rose sous les feux du soleil. Le long du quai, des chalands sont amarrés. Au fond, un pont. A gauche, des maisons. La tonalité générale du tableau, à la fois rose et grise, est des plus heureuses.

Signé à droite.

Toile. — Haut., 45 cent. ; Larg., 85 cent.

LEBOURG

18. — *Rouen, l'hiver.*

Sur la Seine, un remorqueur tire un chaland. A gauche, le long des quais tout blancs de neige, des bateaux sont ancrés. La tempête neigeuse ne les a pas épargnés. Plus loin, aux pieds d'une colline boisée, des maisons et un haut fourneau. De l'autre côté du fleuve, à droite, un groupe de fabriques.

Signé à droite.

Toile. — Haut., 40 cent. ; Larg., 62 cent.

LÉPINE

19. — *La Seine.*

Sur le quai, à droite, se trouvent des barriques
recouvertes, en partie, par une bâche verte ; puis, un
tas de cordes. Au premier plan, le long du quai, un
chaland est amarré ; des débardeurs le déchargent.
Au second plan, un tombereau, des débardeurs et
d'autres bateaux à l'ancre. Tout à fait à droite, une
femme et un enfant se promènent devant des massifs
d'arbres qui masquent l'un des pavillons du Louvre.
A gauche, des maisons, un bain flottant et un remorqueur tirant un chaland qui apparaît sous un pont
qui se trouve dans le fond. Le ciel est clair avec un
gros nuage blanc dans le haut du tableau.

Signé à droite.

Bois. — Haut., 21 cent. ; Larg., 32 cent.

TASSÄERT (O.)

20. — *Rêve de la fiancée.*

(Voir la reproduction)

Les épaules et les bras nus, le bras droit ramené sur la poitrine, la tête reposant sur un oreiller, la fiancée sommeille. Une couverture bleue fait un joli contraste avec la tenture rouge du lit. A gauche, sur une table en acajou surmontée d'une tablette de marbre, se trouve un écrin rempli de bijoux. Au fond, à droite, la même femme est représentée en mariée, parmi les anges et les guirlandes de fleurs. Derrière l'oreiller se tient un ange blond aux larges ailes et au manteau violet clair.

Vente Alexandre Dumas fils.

Signé à gauche. Daté 60.

Toile. — Haut., 55 cent. ; Larg., 47 cent.

TASSÄERT (O.)

21. — *La convalescente.*

(Voir la reproduction)

Près d'une fenêtre, ouverte sur un parc, une jeune femme en peignoir blanc, assise sur un fauteuil, est enveloppée dans une couverture jaune à raies rouges. A droite, une jeune soubrette en robe noire avec un col blanc. A gauche, un enfant blond, habillé de blanc, tend ses petites mains vers la malade. Une fillette en jupe bleue, souliers, bas et corsage blancs, apporte, avec précaution, la tasse qui contient la boisson ordonnée. Un jeune homme en bras de chemise, un livre ouvert sur ses genoux, est assis sur le rebord de la fenêtre. Par terre, un cerceau et une corde à sauter.

Signé à droite. Daté 59.

Toile. — Haut., 54 cent. ; Larg., 46 cent.

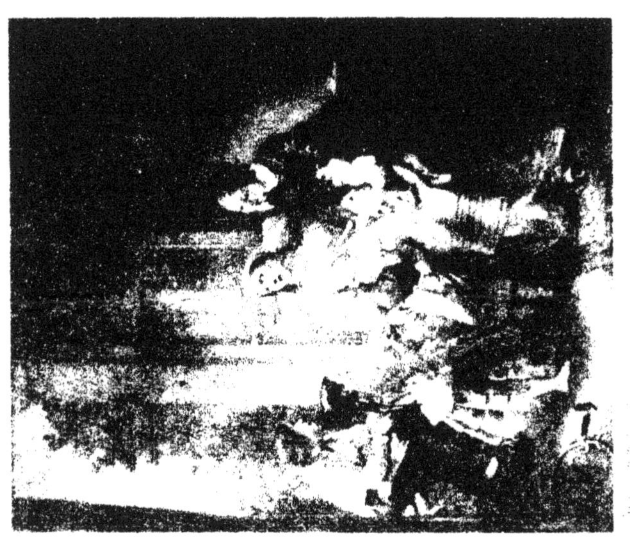

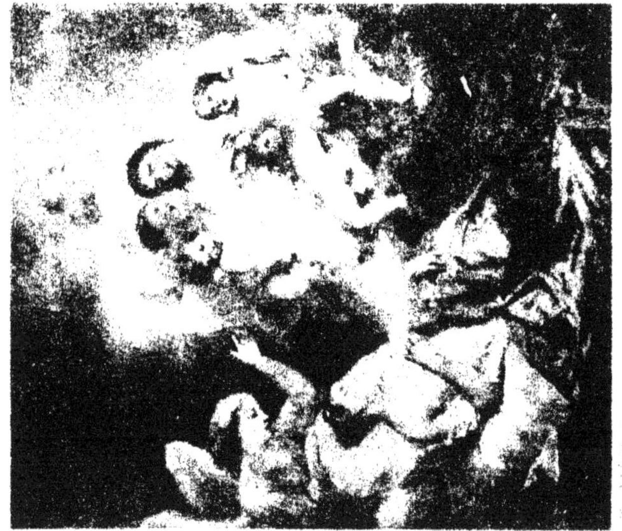

TASSAERT ...

Reve de la fiancée

[illegible — faded text block]

TASSAERT ...

La convalescente

[illegible — faded text block]

Signé à droite. Daté 5?

Te... ... 5? cent. Larg. 46...

O. Tassäert

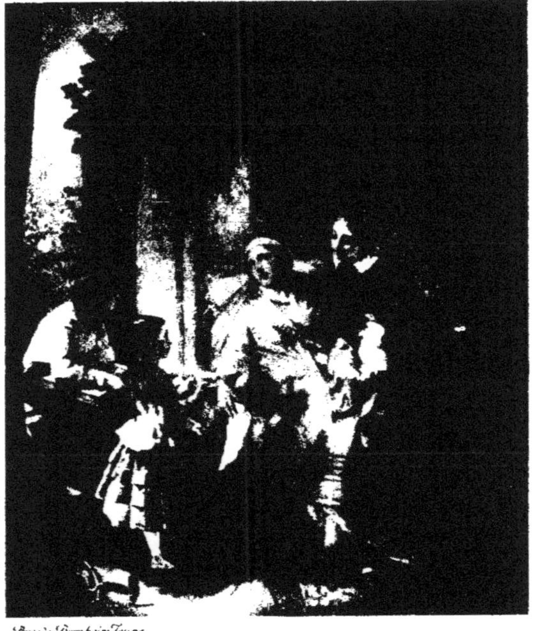

Procédé Bernheim Jeune

Rêve de la Fiancée

O. Tassäert

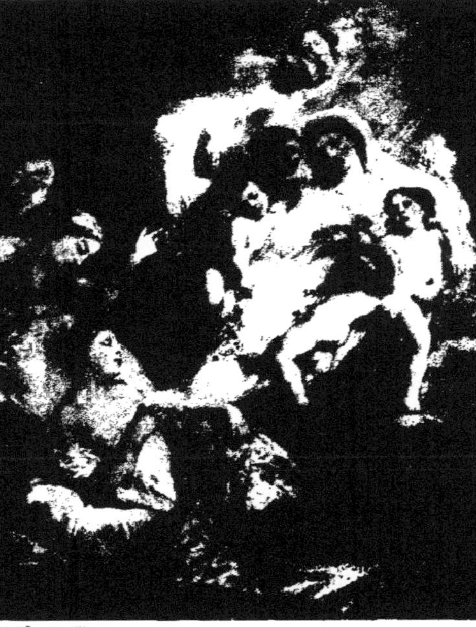

Procédé Bernheim Jeune

La Convalescente

HARPIGNIES (H.)

22. — *Beaulieu.*

1.020

Un homme se promène sur une route qui serpente parmi les oliviers. A droite, la pointe Saint-Jean. A gauche, un petit cap avec des roches blanches où poussent des pins. Les troncs noueux, les arbres gris et la mer bleue, forment un ensemble de couleurs des plus harmonieux.

Signé à gauche. Daté 91.

Haut., 30 cent. ; Larg., 39 cent.

HARPIGNIES (H.)

23. — *Antibes.*

1.050

Sur le terrain brûlé par le soleil, quelques arbres sont plantés, très espacés. A droite, des arbres dont les branches font de larges taches d'ombre sur le sol. A gauche, des maisons et des arbres devant la mer, qui forme aussi le fond.

Signé à gauche. Daté 88.

Haut., 28 cent. ; Larg., 38 cent.

HARPIGNIES (H.)

24. — *La Loire.*

(Voir la reproduction)

A droite, des rochers abrupts avec des arbres s'inclinant vers l'eau. Au milieu, la Loire coule parmi les pierres. A gauche, des roches boisées. Au fond, le soleil se lève.

Signé à gauche.

Haut., 34 cent. ; Larg., 55 cent.

HARPIGNIES (H.)

25. — *Ferme de l'Étang.*

La cour de la ferme avec, à gauche, les bâtiments. A droite, une palissade entourée d'une haie. Au fond, on aperçoit une rivière, puis un château parmi les arbres. A l'entrée de la cour, une caisse renversée.

Signé à gauche. Daté 85.

Haut., 30 cent. ; Larg., 45 cent.

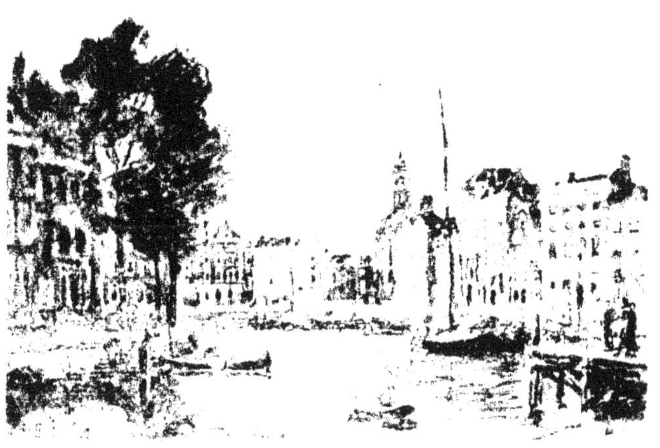

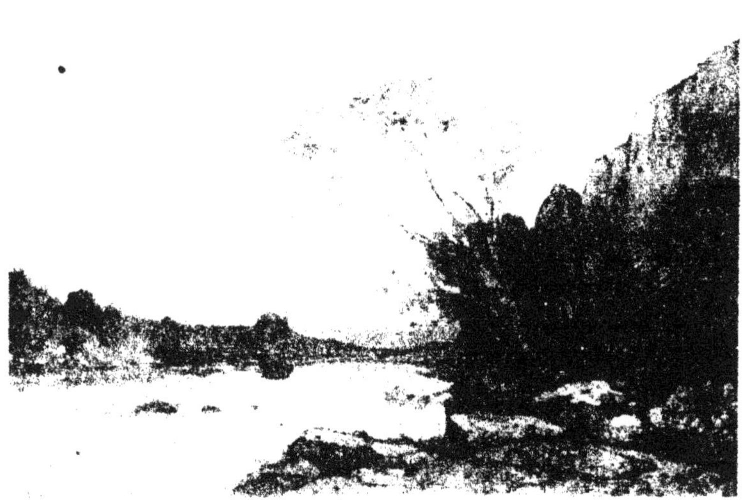

HARPIGNIES (H.)

La Loire.

4ᵐᵉ année

HARPIGNIES (H.)

— Ferme de l'Étang.

Jongkind

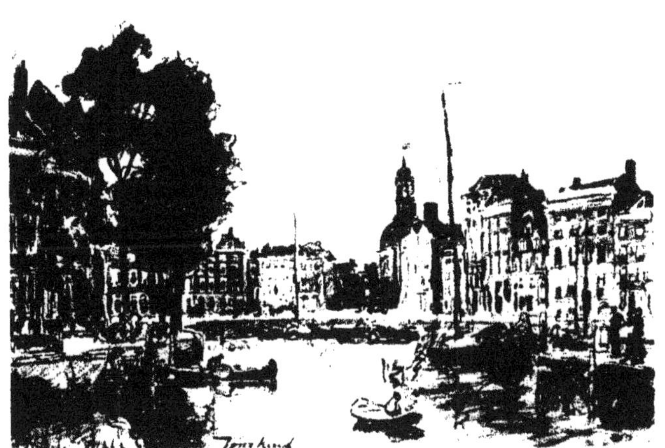

Rotterdam

Harpignies

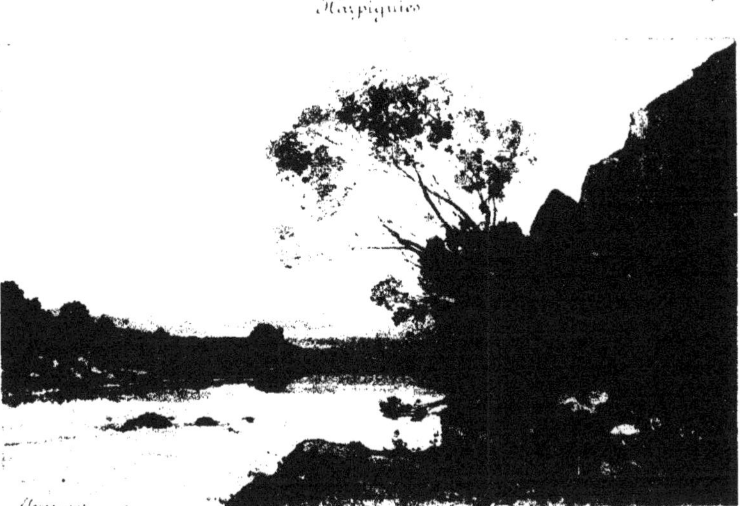

La Loire

HARPIGNIES (H.)

26. — *Paris.*

480

M Bernheim jeune

C'est en été, sur les boulevards. A gauche, une terrasse de café. Les chaises et les tables sont éclairées fortement avec de larges taches d'ombre. Un consommateur est attablé. A droite, la foule se bouscule devant un tramway arrêté.

Signé à gauche. Daté 84.

Haut., 27 cent. ; Larg., 19 cent.

HARPIGNIES (H.)

27. — *Saint-Privé.*

880

T. Tempelaere

A gauche, les bâtiments d'une ferme ombragés par des arbres. A droite, un arbre presque sans feuilles ; des buissons masquent une maison dont on n'aperçoit que le toit.

Signé à gauche.

Haut., 20 cent. ; Larg., 17 cent.

HARPIGNIES (H.)

28. — *Nice.*

580

M^r arnoldt et Tripp

Le quai du Midi, à Nice. Du linge sèche sur la plage où mènent des escaliers. Des promeneurs sont assis sur des bancs face à la mer ou marchent par groupes. A gauche, des maisons masquées par des palmiers. A droite, un petit café. Au fond, la pointe de Villefranche, avec ses hauteurs boisées.

Signé à gauche. Daté 87.

Haut., 19 cent. ; Larg., 27 cent.

HARPIGNIES (H.)

29. — *La source.*

400

 # Hessel.

La source jaillit au milieu des roches et des arbres de la forêt, creusant son lit parmi les herbes. Derrière les roches, un grand arbre légèrement incliné.

Signé à droite. Daté 86.

Haut., 14 cent. ; Larg., 20 cent.

HARPIGNIES (H.)

30. — *Villefranche.*

Au premier plan, un petit monticule, avec un olivier aux nombreuses branches. Au fond, après la mer, on aperçoit la rade de Villefranche.

Signé à gauche.

Haut., 15 cent. ; Larg., 23 cent.

HARPIGNIES (H.)

31. — *Les Loups.*

Par un temps d'orage, la Loire coule entre des rives boisées. Au fond, une bande de sable. Au premier plan, des broussailles, des arbres nains. Des bancs de sable apparaissent, çà et là, dans le lit du fleuve.

Signé à gauche. Daté 1901.

Haut., 20 cent. ; Larg., 24 cent.

HARPIGNIES (H.)

32. — *Le petit pont.*

Un cours d'eau avec un pêcheur à droite, des
rochers et des arbres à gauche. Au fond, un petit
pont et des arbres.

Signé à droite. Daté 91.

Haut., 8 cent. ; Larg., 11 cent.

JONGKIND

33. — *Rotterdam.*

(Voir la reproduction)

Un canal tournant, avec des barques et des chalands. A droite, au premier plan, un ponton sur
lequel se trouvent deux personnes. Plus loin, des
maisons qui masquent l'Hôtel de Ville dont on n'aperçoit que le beffroi. A gauche, des maisons, des arbres
et un escalier.

Signé à gauche. Daté 68.

Haut., 33 cent. ; Larg., 41 cent.

D'ÉPINAY

34. — *La ceinture dorée.*

Une femme nue essaie de s'attacher une ceinture dorée au-dessous des seins. Un diadème est placé dans ses cheveux. Elle a posé sa chemise sur une amphore qui se trouve derrière elle.

Vente de Madame Signoret.

Signé sur le socle.

Haut., 90 cent.

Produit 117.310 francs

CE CATALOGUE
A ÉTÉ COMPOSÉ
ET IMPRIMÉ A LA

MODERNE IMPRIMERIE

7 & 9, RUE ABEL-
HOVELACQUE,
P A R I S